# SAINTE SOLANGE

## VIERGE

## ET MARTYRE.

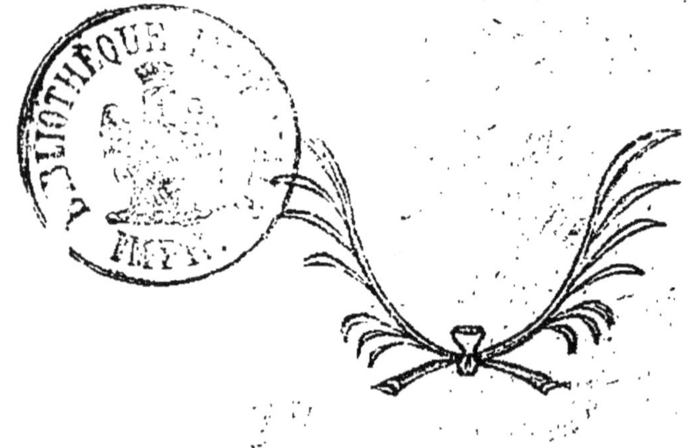

Nevers,

Typ. et Lit. de P. BÉGAT, Libraire.

1858.

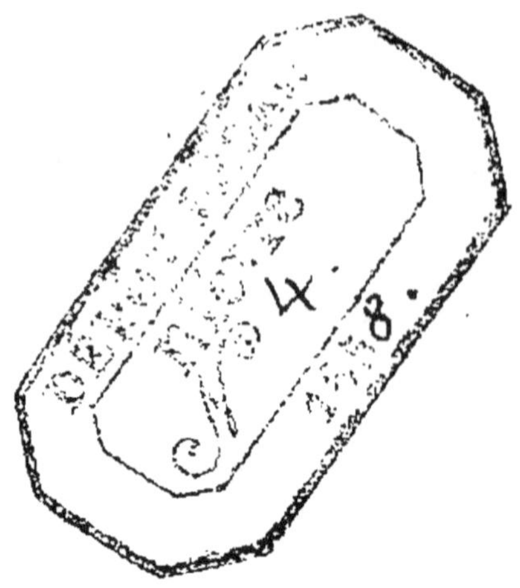

# SAINTE SOLANGE

# VIERGE & MARTYRE.

1858

# SAINTE SOLANGE

## VIERGE ET MARTYRE.

---

Ce fut vers le milieu du neuvième siècle que le Berry donna naissance à cette nouvelle Geneviève qui, dès l'âge le plus tendre, se fit remarquer par un grand amour pour la belle vertu qui rend l'homme semblable aux anges.

Le village de Villemond, paroisse de St-Martin-du-Cros, à trois lieues de Bourges, était l'humble berceau de Solange (1). Ses parents étaient pauvres des biens de

---

(1) Le lieu natal de sainte Solange n'existe plus : on voit seulement au millieu du Pré-Verdier la ruine d'une maison ; c'est là, dit-on, que sainte Solange habitait. Le Pré-Verdier est à une demi-lieue de l'église, qui porte le nom de la sainte.

la terre, mais ils se trouvaient heureux dans leur condition, sachant bien que la terre n'est qu'un lieu de passage. Guidés par la crainte de Dieu, ils cherchaient, par la pratique des vertus chrétiennes, à s'assurer un héritage dans une autre patrie.

Soutenues par de semblables exemples, les heureuses dispositions de Solange ne purent que se fortifier. Déjà elle avait contracté l'habitude de faire toutes ses actions pour Dieu, et de prononcer souvent le doux nom du Sauveur. Ce nom seul était pour elle un sujet continuel de méditation, dans un âge où les enfants sont à peine capables de réflexion. Son amour pour Dieu devint plus ardent, et son cœur put se déterminer aux plus grands sacrifices. Elle n'avait que sept ans lorsqu'elle fit vœu, comme la Vierge de Nanterre, de passer toute sa vie dans la virginité, ne voulant avoir d'autre époux que celui dont, si souvent, elle prononçait le nom avec délices.

Son père, qui était vigneron, la chargea de la garde d'un petit troupeau. Cette occupation convenait parfaitement aux goûts de Solange : tout en veillant sur son troupeau, la Vierge de Villemond pouvait nourrir son esprit de saintes pensées ; au reste, son attrait pour le recueillement et la solitude, sauvegarde de la pureté, se trouvait pleinement satisfait.

Elle conduisait habituellement ses moutons dans un lieu solitaire qui, consacré par les prières et les vertus de la Sainte, conserva son nom, et s'appelle encore maintenant le Champ de Sainte-Solange. Au milieu de ce champ, la piété a élevé une croix de bois, qu'il faut souvent renouveler, car les pélerins en coupent de petits morceaux qu'ils emportent par dévotion.

Seule avec son Dieu et les innocentes créatures confiées à ses soins, notre humble villageoise cherchait à se rendre de plus en plus agréable au divin Époux auquel elle avait voué son cœur.

Cependant, Dieu ne voulut pas attendre, pour récompenser ses vertus, que sa belle âme fût dégagée de sa dépouille mortelle ;

il lui accorda le don des miracles, et manifesta ainsi sa sainteté aux yeux des hommes. A la voix de Solange, les malades étaient guéris, les orages se dissipaient, les tempêtes s'apaisaient; elle obtenait le temps favorable aux biens de la terre; la conversion des pécheurs et la paix des familles étaient le fruit de ses prières. C'est ainsi qu'elle fut, pendant sa vie comme après sa mort, le refuge des affligés.

Bientôt un glorieux triomphe devait couronner une si sainte vie; partout on proclamait la vertu de Solange et on vantait sa rare beauté. Bernard, comte de Bourges et d'Auvergne et marquis de Nevers (1), fut tenté de juger par lui-même de la beauté de la jeune bergère; il monta à cheval, et, sous prétexte d'aller à la chasse sur les terres de Villemond, il se rendit dans les lieux qu'elle fréquentait; il la rencontra dans le champ

(1) Il était fils de Bernard, comte de Poitiers, de Bourges et d'Auvergne, et de Bélichilde, fille de Roricon, comte d'Anjou, et neveu, par sa mère, de Gosselin, évêque de Paris.

où d'ordinaire elle conduisait son troupeau. La vue de la jeune vierge fut comme un trait qui perça le cœur passionné du jeune prince : *Ut vidit, ut periit,* dit la légende rapportée par La Thaumassière (1). Aussitôt il descend de cheval, ne pouvant comprimer sa passion. Il eut soin cependant de ne laisser échapper aucune parole qui pût alarmer son innocence ; d'abord il se contenta de lui proposer de l'épouser ; par ce mariage, lui dit-il, vous deviendrez princesse du vaste pays qui m'est soumis. La vierge lui répondit que, dès l'âge le plus tendre, elle avait choisi Dieu pour époux, et qu'elle lui avait voué son cœur, ajoutant qu'aucun mortel ne le posséderait jamais.

Ce refus si formel irrita le jeune seigneur; il résolut d'obtenir par la force ce qu'il n'avait pu obtenir par ses sollicitations et par ses promesses. N'écoutant donc que son penchant déréglé, Bernard s'élance pour la saisir; mais Solange s'échappe et prend la

(1) Liv. IV.

fuite. Le comte la poursuit et parvient à l'arrêter; puis il la met sur son cheval toute épuisée de fatigue. De nouveau il emploie la prière et les menaces sans pouvoir ébranler sa résolution ; au reste il s'inquiète peu de son refus constant, il se flatte de posséder sa victime. Cependant Solange, fortifiée par la grâce, et préférant la mort à la perte de sa virginité , s'arrache tout à coup des bras de son ravisseur , et se jette à terre, auprès d'un petit ruisseau qui coulait à cet endroit.

Quand l'homme se laisse dominer par ses passions , il devient cruel; la raison s'éteint en lui, pour faire place aux instincts grossiers de la brute. L'amour impur, méprisé, se change en haine : c'est ce que nous remarquons souvent en lisant les actes des martyrs des premiers siècles de l'Église. Bernard, furieux de se voir vaincu, se précipite sur Solange, et ne pouvant plus contenir sa colère, il lui tranche la tête de sa propre épée.

C'est ainsi que cette héroïne réunit sur sa tête la double couronne des martyrs et des vierges. On place communément sa mort au 10 mai 880.

On lit dans les anciennes légendes, qu'après que sa tête fut séparée du corps, sa bouche prononça encore trois fois le nom du Sauveur, et que la sainte martyre prit sa tête entre ses mains, et la transporta jusqu'à l'église de Saint-Martin-du-Cros.

La source auprès de laquelle elle remporta ce glorieux triomphe, a pris le nom de fontaine de Sainte-Solange, nom qu'elle porte encore aujourd'hui. Souvent on voit des pélerins puiser de l'eau à cette fontaine et y trouver, grâce à la protection de la sainte, la guérison de leurs maux.

Le corps de sainte Solange fut d'abord enseveli dans le cimetière de Saint-Martin-du-Cros, dans le lieu où, en 1821, on éleva un petit monument en forme d'autel, en l'honneur de la Sainte Patronne du Berry; mais bientôt les miracles, qui s'opérèrent

sur son tombeau, engagèrent à renfermer
ses restes précieux dans une châsse de bois,
artistement travaillée, et à les transférer
dans l'église de Saint-Martin, qui prit alors
le nom de Sainte-Solange; plus tard on les
renferma dans une châsse en cuivre doré.
La dernière translation eut lieu le lundi de
la Pentecôte, 8 juin 1511. La cérémonie fut
présidée par Monseigneur Denis de Bar,
ancien évêque de Saint-Papoul, qui, avec
l'autorisation des vicaires-généraux capitu-
laires, consacra solennellement, dans cette
circonstance, l'église de Sainte-Solange.

Un grand nombre de miracles rendirent
célèbre le culte de cette sainte; dans les
calamités publiques, on avait recours à elle,
et ce n'était pas en vain qu'on implorait
sa protection. Les habitants de Bourges,
dans ces circonstances, demandaient qu'on
transportât processionnellement dans leurs
murs la châsse de leur sainte patronne, et
leur confiance en elle n'était pas trompée.
Le 31 mai 1637, Henri de Bourbon, prince
de Condé, se rendit en pèlerinage à Sainte-

Solange et voulut conduire lui-même à la métropole les saintes reliques que la population entière réclamait. Ce fut pour Bourges un jour de fête; on jonchait de fleurs les rues par les quelles la châsse devait passer; le devant des maisons était tapissé; de toute part on n'entendait que de pieux cantiques.

Ces processions avaient lieu principalement dans les temps de sècheresse; on a le procès-verbal de la dernière qui eut lieu : c'était au mois de juin 1730.

« L'an 1730, le Berry se trouvait désolé
» par une extrême sécheresse; on avait
» fait partout des prières publiques pour
» obtenir une pluie salutaire; on avait récla-
» mé le secours de tous les illustres protec-
» teurs dont la ville de Bourges possède
» les reliques; le ciel paraissait insensible
» à nos vœux et tout dépérissait visiblement
» dans nos campagnes. Dans une telle
» extrémité, on se rappela les merveilles
» que Jésus-Christ avait si souvent opérées
» par Solange son épouse, la prompte
» assistance qu'on avait reçue plusieurs fois

» de cette patronne bienfaisante en des
» conjonctures aussi fâcheuses. A cette pen-
» sée, la confiance se ranima dans tous les
» cœurs ; on se persuada que le salut du
» peuple était réservé à sainte Solange, et
» on s'empressa de faire venir dans la ville
» l'arche précieuse où reposaient les sacrées
» reliques. M. de Larochefoucaud, depuis
» cardinal, était alors archevêque de Bour-
» ges. Touché de la misère publique, et à
» la requête des magistrats de la ville, il
» ordonna le transport de la châsse qui,
» après les prières, les jeûnes et les autres
» cérémonies pratiquées en semblables oc-
» casions, fut conduite processionnellement
» par les ecclésiastiques et les habitants de
» Sainte-Solange, accompagnés de ceux de
» vingt-quatre paroisses des environs, jus-
» qu'à la chapelle de Saint-Lazare, vulgai-
» rement Saint-Ladre, située à l'extrémité
» d'un des faubourgs de la ville. Ce fut là
» que le clergé de Bourges, ayant à sa tête
» l'illustre prélat dont nous avons parlé, et
» suivi d'un peuple innombrable, vint re-

» cevoir ce sacré dépôt, qu'on porta dans
» l'église métropolitaine. Alors la dévotion
» des prêtres et du peuple éclata par des
» hymnes et des cantiques qu'on chanta à
» la gloire de la sainte, et par les touchan-
» tes prières qu'on lui adressa unanime-
» ment pour obtenir la bénédiction du ciel
» sur les fruits de la terre. La ferveur des
» fidèles ne tarda pas à être récompensée,
» et le succès le plus heureux répondit à
» leurs espérances. Le ciel, en peu de
» temps, se couvrit de nuages, la pluie
» tomba avec tant d'abondance, que la
» terre en fut bientôt pénétrée, et reprit
» une nouvelle face. »

Les souverains Pontifes accordèrent de
nombreuses indulgences à la confrérie de
sainte Solange, et Benoît XIV, en 1751, ra-
tifia et confirma toutes ces indulgences ac-
cordées par ses prédécesseurs.

Le Berry ne fut pas la seule province qui
honora sainte Solange d'un culte particu-
lier; les pays circonvoisins et le Nivernais,
entre autres, virent tous les ans un grand

nombre de leurs habitants se rendre en pèlerinage au tombeau de la Sainte, le 10 mai et le lundi de la Pentecôte, tandis que des confréries, unies à celles du Berry, s'établissaient sur différents points, en faveur des personnes qui ne pouvaient entreprendre ce pieux pèlerinage.

La Celle-sur-Loire, où la confrérie n'est établie que depuis peu d'années, voit tous les ans, le 10 mai, jour de la fête de la Sainte, un concours considérable.

Nevers et Nolay, proche Prémery, célèbrent la fête de la dernière translation de ses reliques, le lundi de la Pentecôte. A Nevers, la châsse de sainte Solange, déposée à la Cathédrale, est portée processionnellement dans plusieurs rues de la ville, au milieu d'un peuple immense, qui implore la protection de la Vierge de Villemond.

Avant la révolution, il y avait à l'extrémité du pont de Loire de Nevers, une chapelle sous le vocable de sainte Solange. La population de la ville et des environs s'y rendait en foule le lundi de la Pentecôte, anniversaire de la dernière translation des reliques de la patronne du Berry. Les habitants de Nevers ignorent peut-être l'origine de l'apport de Sermoise, qui a lieu, tous les ans, à la même époque : c'est un souvenir du pèlerinage à la chapelle de Sainte-Solange.

En 1793, la châsse de sainte Solange fut enlevée de la paroisse du diocèse de Bourges qui porte son nom, et ses reliques furent dissipées. Depuis, on fit faire une autre châsse dans laquelle on plaça des reliques de sainte Eugénie, vierge et martyre, et des saints, Vincent et Clément, aussi martyrs.

Le diocèse de Nevers, plus heureux que celui de Bourges, a pu sauver ce qu'il possédait des restes précieux de la vierge de Villemond (1) ; parmi les reliques que put

_______________

(1) Il est probable que le diocèse de Nevers possède ces reliques depuis la translation de 1511.

soustraire aux profanations de Fouché, *le vicaire épiscopal Goussot*, et qu'il transporta à Nolay, sont les reliques de sainte Solange, dans *une grande châsse contenant un reliquaire où est renfermée une petite boîte portant cette inscription*, FRAGMENTA RELIQUIARUM SANCTÆ SOLANGIÆ, V. M., 1612.

Cependant, on découvrit, il y a quelques années, dans l'église de Méry-es-Bois, diocèse de Bourges, un reliquaire contenant une relique très-authentique de sainte Solange. M. l'abbé Caillaud, vicaire-général, faisant la visite de cette église, constata l'authenticité de cette précieuse relique. Il la divisa en trois portions : il laissa la plus considérable à l'église de Méry, donna la seconde à l'église de Sainte-Solange, et la troisième fut déposée dans l'église métropolitaine.

On lit dans la légende de sainte Solange, insérée dans les anciens bréviaires de Bourges, que, par un privilége tout spécial, on remarquait, le jour et la nuit, au-dessus de la tête de la Sainte, une étoile qui la guidait dans toutes ses démarches. Nous pensons, avec un auteur de sa Vie, qu'il ne s'agit ici que d'un symbole par lequel les légendaires ont voulu indiquer que les lumières et les grâces de l'Esprit-Saint ne l'abandonnaient jamais.

On la représente gardant ses moutons, avec cette étoile au-dessus de sa tête ; d'autres fois, elle est agenouillée au pied d'une croix, entourée de son troupeau ; on aperçoit dans le lointain le comte Bernard , accompagné d'un écuyer. Enfin, on la voit, le plus communément, portant sa tête entre ses mains.

Nous lisons dans une Vie de sainte Solange par M. Oudoul, curé dans le diocèse de Bourges (1), la description des anciennes tapisseries de l'église de Sainte-Solange ; c'est l'histoire iconographique de cette Sainte. Nous nous empressons de la reproduire ici :

(1) 1828.

« On voit dans le chœur de Sainte-So-
» lange six tableaux en tapisserie, d'un fort
» bon goût et bien exécutés, qui représen-
» tent l'histoire de la Sainte, d'après la tra-
» dition.

» Le premier représente sainte Solange
» entourée de ses brebis, au pied de la croix
» qui était, dit-on, au milieu du pacage
» commun. On voit dans la nef de la même
» église et dans celle de Saint-Etienne de
» Bourges, un tableau qui offre le même
» sujet.

» Le deuxième représente la pieuse ber-
» gère auprès de ses moutons, et le comte,
» à pied, la sollicitant ; l'écuyer du prince
» est dans le fond, à cheval.

» Le troisième représente le comte à che-
» val, voulant, aidé de son écuyer, enlever
» Solange; dans le fond, se voit le cheval de
» l'écuyer.

» Le quatrième représente le prince le-
» vant le fer sur Solange qui, inclinée avec
» résignation, se prépare au martyre ; l'é-

» cuyer est derrière le comte : on voit au
» haut du tableau un ange, une couronne à
» la main. Au bas, on lit cette inscription en
» laine rouge : *Cette histoire , en tapisserie,*
» *de sainte Solange, a été faite, en 1704, des*
» *deniers de la confrérie.*

  » Le cinquième représente sainte Solange
» debout, sa tête entre ses mains , allant à
» l'église de Saint-Martin, qui est dans le
» fond, figurée comme avant l'incendie de la
» flèche de la tour : derrière la sainte , on
» voit le comte et l'écuyer courant à toute
» bride. Il est bon d'observer que ce trait
» merveilleux était gravé sur la châsse de
» cuivre doré, dont il fut fait présent en
» 1511 , qui , comme l'a judicieusement
» remarqué quelqu'un , était sur le modèle
» de la première; et que, sur la châsse d'ar-
» gent comme sur celle d'aujourd'hui , on
» fut soigneux de respecter la tradition en
» ce point. »

## CONCLUSION.

Célébrer la gloire des Saints, c'est ranimer notre courage au milieu des peines de la vie. En contemplant, avec les yeux de la foi, la magnifique couronne qu'ils possèdent dans le ciel, nous sentons nos cœurs se dilater par l'espérance des biens futurs. Le temps que sainte Solange a passé sur la terre a été bien court; il ne lui a fallu que quelques instants pour consommer son sacrifice, et ces quelques instants de souffrances sont récompensés par *un poids éternel de gloire*, selon les paroles de l'Apôtre.

Tous les ans, en voyant cette foule de fidèles de la ville et de la campagne, hommes et femmes, se presser autour de la châsse vénérée de sainte Solange, soit dans la cathédrale, soit à la procession qui a lieu le soir, nous admirons cette foi simple et naïve qui quelquefois est récompensée par une protection visible de la Sainte.

Mais, quand nous considérons les nombreux promeneurs qui se dirigent vers Sermoise, oubliant jusqu'au souvenir du pieux pèlerinage que faisaient leurs aïeux à la chapelle de Sainte-Solange ; quand nous pensons aux danses et aux jeux bruyants auxquels se livre la jeunesse dans cette circonstance, nous voudrions pouvoir faire entendre à cette foule compacte les paroles qu'adressait autrefois saint Césaire aux chrétiens de son temps, chrétiens qui vivaient sous des influences païennes que la religion n'avait pas encore détruites, et qui étaient par là excusables.

« Quand nous célébrons les fêtes des
» Saints, frères bien-aimés, mettons tout en
» œuvre pour exciter dans nos cœurs les
» sentiments que doit produire en nous le
» culte que nous leur rendons. Celui qui ne
» sait point respecter son corps et qui laisse
» souiller son esprit par des pensées im-
» pures, ne peut goûter, aux fêtes des
» Saints, les douceurs intérieures. Sa joie

» n'est qu'apparente, le deuil est dans son
» cœur. Quel bonheur, en effet, pourrait
» éprouver celui qui, par ses vices, a donné
» en lui accès au démon plutôt qu'à Jésus-
» Christ? Quant à nous, frères bien-aimés,
» malgré les fautes journalières qui échap-
» pent à notre faiblesse, travaillons, avec
» l'aide de Dieu, par nos jeûnes, nos veilles,
» nos prières, nos aumônes, à purifier nos
» cœurs, afin que le Seigneur ne trouve
» rien en nous qui puisse blesser ses re-
» gards (1) ».

Dans une autre circonstance, le même
docteur s'adresse aux pères et aux mères
de famille, à l'occasion des pèlerinages qui
se faisaient aux tombeaux des Saints, et il
leur dit : « Mes frères, avertissez vos en-
» fants et tous ceux de votre famille, de
» vivre toujours dans la charité, la justice
» et l'amour de Dieu. Joignez l'exemple
» aux paroles pour les porter au bien.

_______________

(1) Serm. sancti Cæsarii, 230.

» Avant tout, en quelque lieu que vous vous
» vous trouviez, en votre maison ou en
» voyage, à table ou en conversation, que
» jamais aucune parole légère ou impure
» ne souille vos lèvres; au contraire, en-
» gagez vos voisins et vos parents à con-
» server dans leurs paroles la charité et
» l'honnêteté. Qu'ils prennent garde, par la
» médisance et des traits satyriques, par les
» danses et des chansons obscènes, d'attirer
» sur eux la colère de Dieu, en des jours
» destinés à le louer. N'en voit-on pas qui
» sont assez malheureux pour oublier tou-
» tes les convenances, et qui ne rougissent
» pas de venir devant les basiliques des
» saints, se livrer aux danses et à des amu-
» sements profanes. Ils viennent chré-
» tiens à l'église, ils s'en retournent
» païens, car ils continuent à suivre des
» usages qui nous viennent du paga-
» nisme (1).

(1) Serm. Sancti Cæsarii, 265.

# CANTIQUE

## EN L'HONNEUR DE SAINTE SOLANGE.

Air : *O filii, ô filiæ.*

Festa venerunt annua,
Quibus Virgo periclita,
Honoratur Solangia.
    Alleluia.

Alleluia, Alleluia, Alleluia.

O Biturici, plaudite;
Vitam ejus addiscite;
Mores ejus exprimite.
    Alleluia.

Nata in Ville-Montio,
Infrendente diabolo,
Nomen habens ab Angelo.
    Alleluia.

Septenis versans animo,
Qui sit devota Domino,
Nuncupavit vota Deo.
    Alleluia.

# CANTIQUE

## EN L'HONNEUR DE SAINTE SOLANGE.

A sainte Solange,
Offrons en ce jour,
Un chant de louange,
Un tribut d'amour.


Méditez sa vie,
Enfants du Berry,
Solange y convie
Son peuple chéri.


Quand sainte Solange
A Vilmont reçut
Le doux nom d'un ange,
L'enfer s'en émut.


Dès le plus bas âge,
S'offrant au Seigneur,
Elle mit en gage
Son âme et son cœur.

Ipsâ stante, stabant aves,
Nec lædebant terræ fruges,
Ipsos fugabat turbines.
Alleluia.

Illi novum præit sidus,
Quò tutis eat passibus,
Ipsa fulget virtutibus.
Alleluia.

Præcum lædit formæ decor,
Blanditur profanus amor,
Quem fugat virtutis honor.
Alleluia.

Spretus amor fremit irâ,
Neque cedit Solangia,
Fit castitatis victima.
Alleluia.

Truncato licet capite,
Ter Jesum inclamat voce,
Caput manu portans pie.
Alleluia.

Ubi sacræ reliquiæ,
Martini à templo conditæ,
Multi opem deposcere.
Alleluia.

Claudi currunt, vident cœci
Morbi pelluntur noxii,
Gaudentes plaudunt Angeli,
Alleluia.

Sa seule présence
Charmait les oiseaux,
Donnait l'espérance,
Chassait les fléaux.


Mais quelle lumière
Précède ses pas,
Et partout l'éclaire
Jusqu'à son trépas !


Quand l'amour profane,
Aspire à sa main,
La Vierge condamne
Tout amour humain.


Quel frein peut réduire
L'orgueil irrité,
Solange est martyre
De la chasteté.


Sous l'horrible glaive
Sa tête, en roulant,
Trois fois se relève
Et tombe en priant.


Son corps est au temple
Du grand saint Martin ;
Chacun le contemple
Et vante sa fin.


Par son influence
Le mourant guérit,
Le boiteux s'élance,
Le Ciel applaudit.

Mox è sepulchro fit ara ,
Corpus servatur capsulà ,
Patrona fit primaria.

Alleluia.


Ob sacras Virgo laureas ,
Ob servatas reliquias ,
Deo dicamus gratias.

Alleluia.


## IN AGRO (1).


In agri tui semitâ ,
Dùm pangimus voce pià ,
Nobis adsis, Solangia.

Alleluia.


℣. Veniebat cum ovibus patris sui.

℟. Nam gregem ipsa pascebat. ( *Gen.*,
26, 27 ).


(L'oraison se trouve à la fin des Litanies).


(1) Cette strophe ne se chantait qu'en entrant dans
le champ de Sainte-Solange.

Son tombeau se change
Bientôt en autel,
C'est sainte Solange,
Ici comme au Ciel.


O Sainte patronne,
Nous tous en ce lieu,
De votre couronne
Rendons grâce à Dieu.


LORSQU'ON EST DANS LE CHAMP.


Nous suivons vos traces
Dans ce champ chéri ;
Obtenez des grâces
Pour tout le Berry.


℣. Elle venait avec les brebis de son père ;

℟. Car elle-même faisait paître le troupeau
(*Gén.*, 26, 9.)

# LITANIES

## DE SAINTE SOLANGE.

Kyrie, eleïson.
Christe, eleïson.
Kyrie, eleïson.
Christe, audi nos.
Christe, exaudi nos.
Pater de cœlis Deus, miserere nobis.
Fili redemptor mundi Deus, miserere nobis.
Spiritus sancte, Deus, miserere nobis.
Sancta Trinitas, unus Deus, miserere nobis.
Sancta Maria, ora pro nobis.
Sancta Dei Genitrix,
Sancta Virgo Virginum,
Sancta Solangia,
Sancta Solangia a teneris Deo dilecta,
— sacræ Deiparæ charissima,
— puritatis et castitatis amans,
— mente et corpore Virgo,
— in labore assidua,
— passioni Christi devotissima,
Sancta Solangia, pulchritudinis animæ quàm cor-
poris amantior,

# LITANIES

## DE SAINTE SOLANGE.

Seigneur, ayez pitié de nous.
Jésus-Christ, ayez pitié de nous.
Seigneur, ayez pitié de nous.
Jésus-Christ, écoutez-nous.
Jésus-Christ, exaucez-nous.
Dieu père céleste, ayez pitié de nous.
Dieu fils, Rédempteur du monde, ayez pitié de n.
Dieu, Esprit-Saint, ayez pitié de nous.
Trinité sainte, qui êtes un seul Dieu, ayez pitié de n.
Sainte Marie, priez pour nous.
Sainte Mère de Dieu,
Sainte Vierge des Vierges,
Sainte Solange,
— dès l'âge le plus tendre aimée de Dieu,
— chérie de la mère de Dieu,
— zélée pour la pureté et la chasteté,
— vierge d'esprit et de corps,
— assidue au travail,
— très-dévote à la passion de J.-Ch.,
Sainte Solange, plus jalouse de la beauté de l'âme
   que de celle du corps,

— blandientis fortunæ contemptrix generosa,
— castitatis nobilis victima,
— martyrii palma decorata,
— via peregrinorum,
— sanitas languentium,
— lux cœcorum,
— auris surdorum,
— lingua mutorum,
— copia segetum,
— siccitatis ardentis remedium,
— sedatrix tempestatum,
— salus in periculis,
— auxilium peccatorum,
— lætitia Angelorum,
— consors martyrum,
— æmula Virginum,
— præsidium nostrum,
— protectrix et alumna nostra,
— honorificentia populi nostri,
— gloria Biturigum,
— patrona Bituricensium,
— tutela confractum et consororum,

Agnus Dei, qui tollis peccata mundi, parce nobis, Domine.

Agnus Dei, qui tollis peccata mundi, exaudi nos, Domine.

Agnus Dei, qui tollis peccata mundi, miserere nobis.

℣. Benedictus Deus meus,

℟. Qui præcinxit me virtute (*Ps.* 17, 33, 47.)

— qui avez méprisé souverainement les dons de la fortune,

— noble victime de la chasteté,

— décorée de la palme du martyre,

— la voie des pélerins,

— la santé des malades,

— la lumière des aveugles,

— l'oreille des sourds,

— la langue des muets,

— l'abondance des moissons,

— le remède de la sécheresse brûlante,

— qui apaisez les tempêtes,

— qui sauvez dans les dangers,

— secours des pécheurs,

— la joie des anges,

— compagne des Martyrs,

— émule des Vierges,

— notre secours,

— notre protectrice et notre avocate,

— l'honneur de notre peuple,

— la gloire de Bourges,

— la patrone du Berry,

— la tutelle des confrères et consœurs,

Agneau de Dieu, qui effacez les péchés du monde, pardonnez-nous, Seigneur.

Agneau de Dieu, qui effacez les péchés du monde, exaucez-nous, Seigneur.

Agneau de Dieu, qui effacez les péchés du monde, ayez pitié de nous.

℣. Béni soit mon Dieu,

℟. Qui m'a tout environnée de sa vertu.

## *Oremus.*

Effunde quæsumus, Domine, beatâ Solangiâ inter-
cedente, benedictionem tuam super nos et super omnes
fructus terræ, ut hi collecti, ad laudem et gloriam
nominis tui, misericorditer dispensetur, per Dominum
nostrum Jesum Christum.

Amen.

## *Oraison.*

Répandez, nous vous prions, Seigneur, par l'intercession de sainte Solange, votre bénédiction sur nous et sur tous les fruits de la terre, afin qu'après les avoir recueillis, nous en usions, soutenus par votre miséricorde, à la louange et à la gloire de votre nom, par notre Seigneur Jésus-Christ.

Ainsi soit-il.

www.ingramcontent.com/pod-product-compliance
Lightning Source LLC
Chambersburg PA
CBHW061314050726
47594CB00004B/1704